Mama

mamá

Papa

papi

Junge

niño

Mädchen

niña

1 eins
uno

2 zwei
dos

3 drei
tres

4 vier
cuatro

5

fünf

cinco

6

sechs

seis

7

sieben

siete

8

acht

ocho

9

neun

nueve

10

zehn

diez

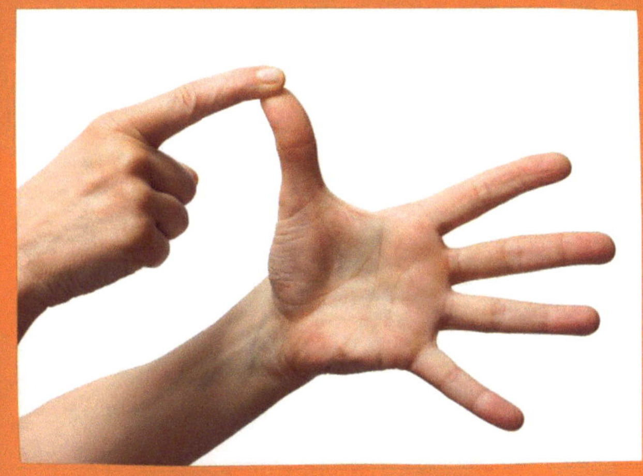

zählen

contar

schreiben

escribir

zeichnen

dibujar

malen

pintar

Kreis

círculo

Quadrat

cuadrado

Rechteck

rectángulo

Dreieck

triángulo

Stern

estrella

schwarz

negro

weiß

blanco

braun

marrón

rot

rojo

blau

azul

gelb

amarillo

grün

verde

lila

morado

grau

gris

orange

naranja

rosa

rosa

Apfel

manzana

Banane

plátano

Ananas

piña

Wassermelone

sandía

Birne

pera

Weintrauben

uvas

Mango

mango

Pfirsich

melocotón

Erdbeere

fresa

Kirsche

cereza

Orange

naranja

Kokosnuss

coco

Zitrone

limón

Pilz

seta

Mais

maíz

Tomate

tomate

Kürbis

calabaza

Gurke

pepino

Karotte

zanahoria

Kartoffel

patata

Zucchini

calabacín

Spinat

espinacas

Blumenkohl

coliflor

Ei

huevo

Teller

plato

Löffel

cuchara

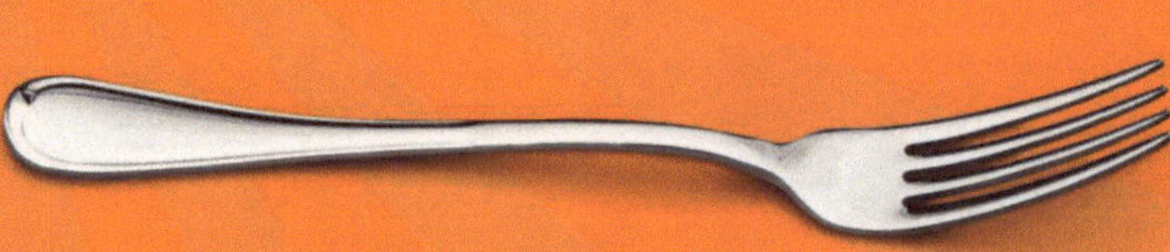

Messer

cuchillo

Gabel

tenedor

Kuchen

pastel

Babyflasche

biberón

Süßigkeiten

golosinas

Käse

queso

trinken

beber

essen

comer

heiß

caliente

kalt

frío

klein

pequeño

groß

grande

 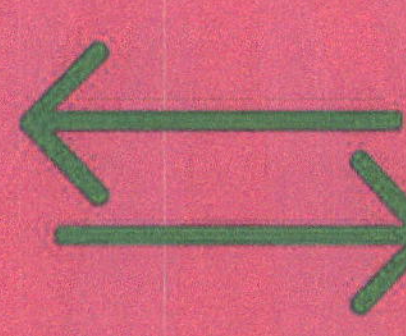 

kurz

corto

lang

largo

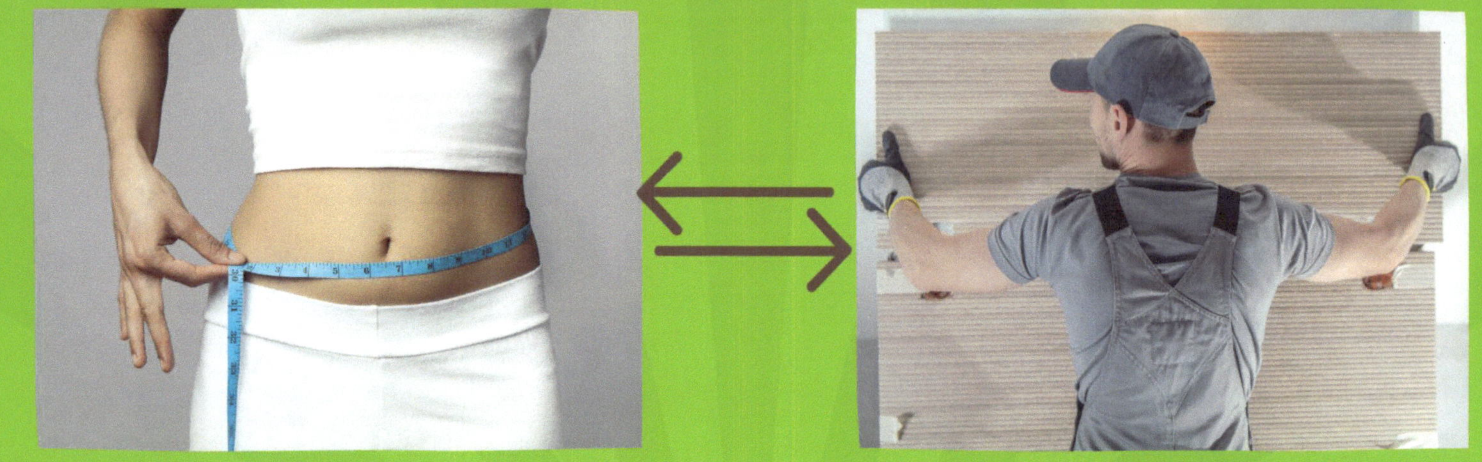

dünn

delgado

groß

grande

leicht

fácil

schwierig

difícil

aufstehen

levantarse

hinsetzen

sentarse

süß

dulce

salzig

salado

schwer   **leicht**

pesado   ligero

in   **aus**

en   fuera

dreckig

sucio

sauber

limpio

schließen

cerrado

öffnen

abierto

Bleistifte

lápices

Uhr

reloj

Schlüssel

llave

Buch

libro

Bett

cama

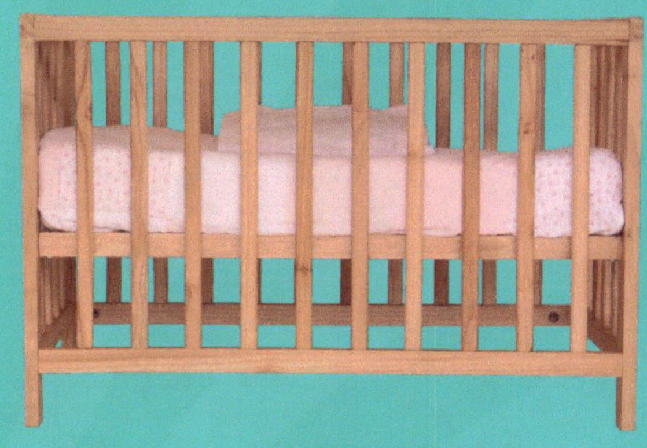

Krippe

cuna

Tisch

mesa

Stuhl

silla

Auto

coche

Fahrrad

bicicleta

Flugzeug

avión

Boot

barco

Zug

tren

Hubschrauber

helicóptero

Feuerwehrauto

camión de bomberos

Feuerwehrmann

bombero

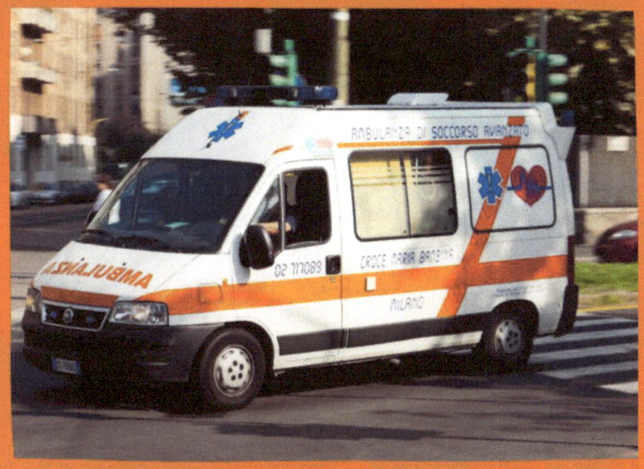

Krankenwagen

ambulancia

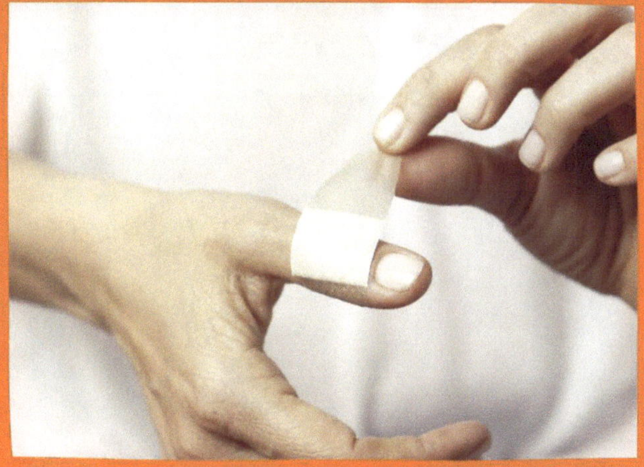

Verband

vendaje

Rettungssanitäter

paramédico

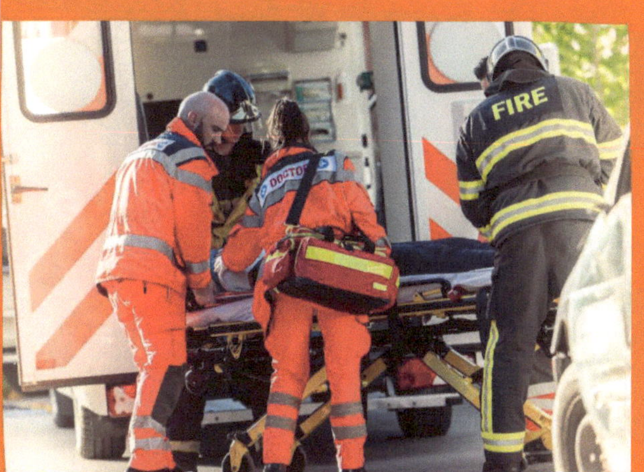

Rettungsteam

equipo de rescate

Wald

bosque

Berg

montaña

Gras

hierba

Sand

arena

Baum

árbol

Blume

flor

Schmetterling

mariposa

Ameise

hormiga

Katze

gato

Hund

perro

Pferd

caballo

Maus

ratón

Kuh

vaca

Schwein

cerdo

Schaf

oveja

Ente

pato

Gans

ganso

Hase

conejo

Fisch

pez

Tierärztin

veterinario

Doktor

doctor

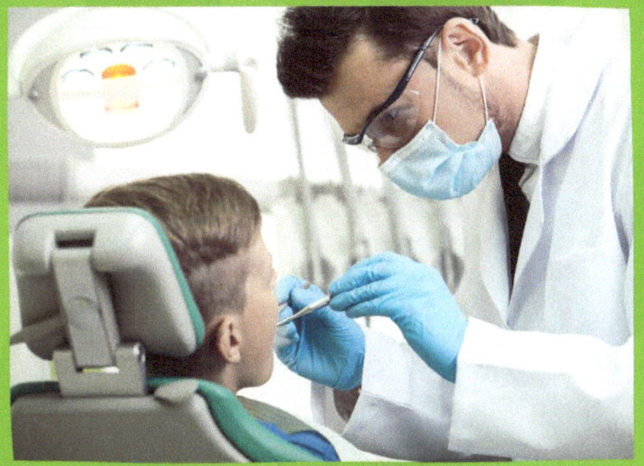

Zahnarzt

dentista

Apotheker

farmacéutico

Krankenschwester

enfermera

Kopf

cabeza

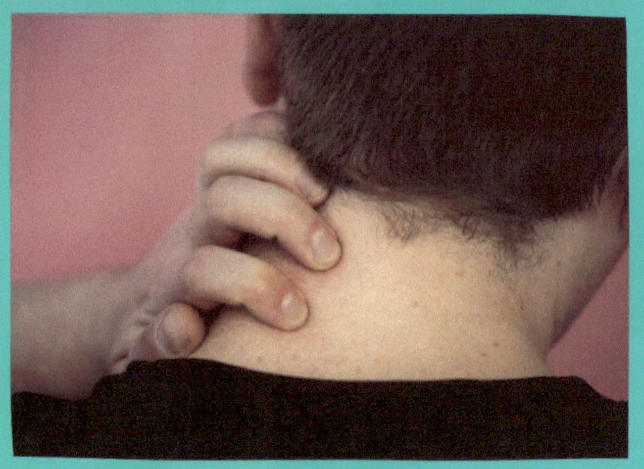

Hals

cuello

Fuß

pie

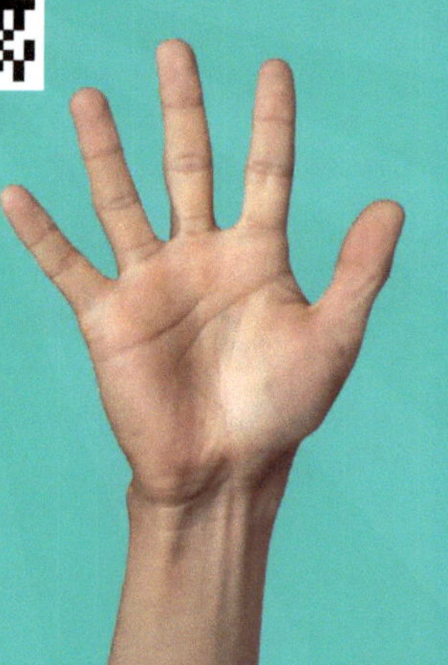

Hand

mano

Zähne

dientes

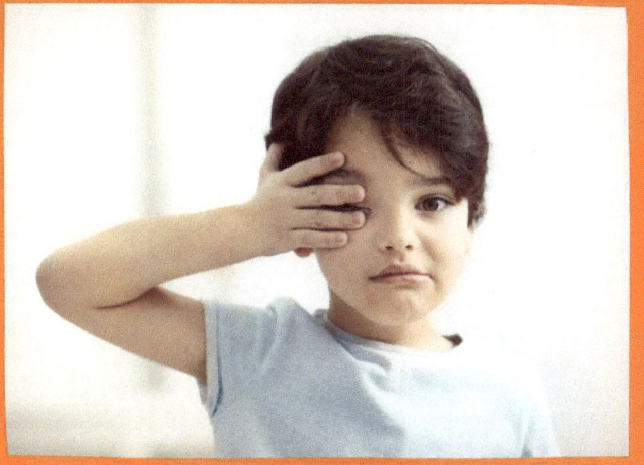

Auge

ojo

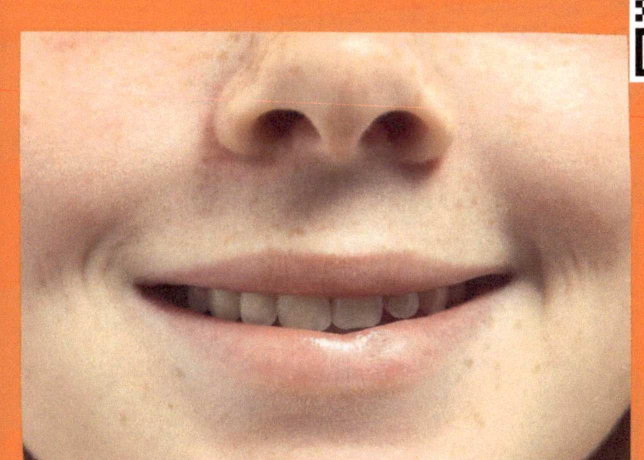

Mund

boca

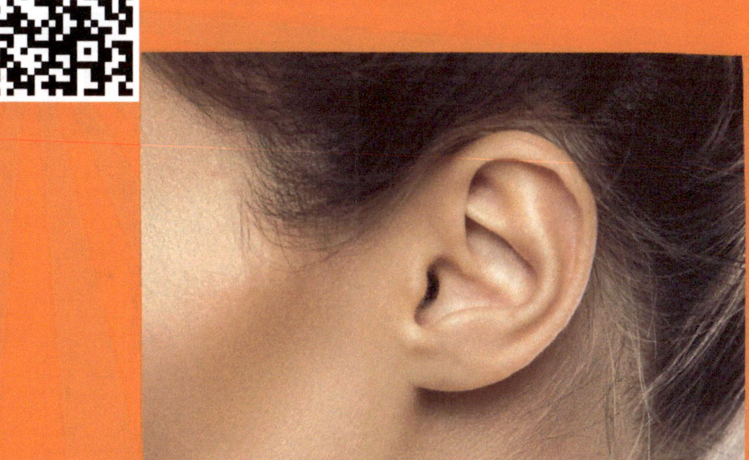

Ohr

oreja

Hut

sombrero

Kleid

vestido

Hose

pantalones

Schuhe

zapatos

Mantel

abrigo

Schal

bufanda

Regenschirm

paraguas

Brille

gafas

Mond

luna